手裏剣

Shuriken

Sicherer Umgang mit Wurfsternen

von

Markus Bär

mit

91 Fotos von Lutz Trojan

und

12 Zeichnungen von
Laserdruck-Hoven

(Partner auf den Fotos ist Thomas Kögler)

3. Auflage
1993

VERLAG WEINMANN — BERLIN

CIP-Titelaufnahme der Deutschen Bibliothek

Bär, Markus:
Shuriken : sicherer Umgang mit Wurfsternen /
von Markus Bär. Mit Fotos von Lutz Trojan und
Zeichn. von Laserdruck-Hoven.
— 3. Aufl. — Berlin : Weinmann 1993
ISBN 3-87892-055-5
NE: Bär, Markus; Trojan, Lutz

Repro: GEPRO G.m.b.H.
Gesamtherstellung: Hildebrand

Inhaltsverzeichnis

5

Dieses Buch soll die Kampfkunst mit dem Shuriken vermitteln:
„Das Shuriken Jutsu!"
Es soll dazu dienen, dem Leser Tradition und Technik dieser Ninja-Waffe so nahe zu bringen, daß er sich ein genaues Bild dieser Kunst verschaffen und selbst üben kann.
Es soll motivieren, damit die Leser ihren Idealen treu bleiben und ihr Training nicht vernachlässigen.
Ich danke meinen Freunden, die mir geholfen haben, daß dieses Buch zustande kam.

Ninpo IK Kan

Markus Bär

Die Ninja und der Shuriken

Über den Ursprung des Ninjutsu ist in den vergangenen Jahren viel diskutiert und geschrieben worden.

In Japan gibt es diverse Geschichtsforscher, die sich schon lange mit der Entstehung des Ninjutsu beschäftigen und trotzdem zu keinem übereinstimmenden Ergebnis kommen.

Zwar sind verschiedene Grundstrukturen gleich, aber es kommt doch zu erheblichen Abweichungen, bei den von ihnen erarbeiteten Erkenntnissen.

Fest steht, daß das Ninjutsu auf eine ca. 800-1000-jährige Tradition zurückblicken kann.

Die Grundlehren und Vorläufer dieser Kunst sind in Südostasien, Indien, Tibet und vor allem in China zu suchen.

Es waren chinesische Mönche und Krieger, die in Japans Gebirgsregionen und dichten abgeschiedenen Wäldern Schutz suchten.

Sie brachten ein großes Wissen in den Bereichen Militär-Strategie, Philosophie, Meditation und Medizin mit und führten ein naturverbundenes Leben.

Ihr Hauptziel war es, ihre unter verschiedenen Einflüssen entstandenen mystischen Praktiken auszuüben und zu vervollkommnen. Deshalb suchten sie die Abgeschiedenheit.

In der damaligen Zeit aber, in der man weder von Räubern noch vom Staat in Ruhe gelassen wurde, galt es, sich zu verteidigen. So war man einem ständigen Ortswechsel ausgesetzt und baute ein Verteidigungs- und Tarn-System auf, welches das rauhe Leben in den Wald- und Gebirgsregionen erst ermöglichte.

Die von ihnen angewandten Techniken wurden nur innerhalb der Familie dem Rangnächsten weitergegeben.

Erst viel später, als die Obrigkeit bemerkt hatte, daß der Ninja Fachmann im Ausspähen und in der Kriegsstrategie war, zog man verschiedene Ninja-Familien auch für offizielle Aufträge heran. Damit fand der Ninja auch bei den Behörden eine Daseinsberechtigung und trat für den Staat als besoldeter Agent ein.

Die Kunst mit dem Wurfstern umzugehen, das „Shuriken-Jutsu", findet seinen Ursprung vor weit mehr als tausend Jahren in Chinas Klöstern. Wann das genau geschah, kann wohl heute niemand mehr sagen.

Damals war der Wurfstern noch nicht als Shuriken bekannt, sondern wurde bei den Chinesen „Piao" genannt. Er wird dann (durch Wanderpriester oder andere Reisende verbreitet) erst einige Zeit später als Shuriken bei den Mystikern der Iga- und Koga-Gebirgsregionen in Japan (den späteren Ninja) seinen Platz eingenommen haben.

Die Ninja wurden dann nach und nach ausgesprochene Meister im Umgang mit dieser Waffe. Ein Ninja konnte auf eine Entfernung von über zehn Metern mit dem Shuriken einen Feind mit Präzision töten. Er konnte außerdem den in der Hand gehaltenen Shuriken als mörderische Hieb-, Stich- und Reißwaffe im Nahkampf einsetzen. Die Shuriken waren zu dieser Zeit meist vergiftet, um sicher zu gehen, daß der Feind auch auf jeden Fall getötet wurde.

Der Ninja war kurz gesagt ein Allround-Kämpfer, der sich allen Situationen anpassen konnte und zur damaligen Zeit wohl auch mußte. Der geübte Ninja hatte den Vorteil, seinen Gegner mit dieser Waffe **lautlos** aus dem Weg zu räumen. Außerdem kam dieser Waffe zugute, daß man sie leicht in die Tasche verstecken konnte.

Sogar die Samurai, die zunächst nichts mit solchen Waffen im Sinne hatten, schauten sich später das Shuriken-Jutsu von den Ninja ab. Auch sie entwickelten ihre eigenen Techniken.

So gab es Schulen der Ninja und der Samurai, die sogenannten Shuriken-Jutsu-Ryu.

Shuriken-Jutsu früher

Es liegt in der Natur der Menschen, daß nicht jeder gleich aussieht, die gleiche Stärke besitzt und dazu noch gleich groß ist.

Schon der Urmensch fand heraus, daß er gegen einen Stärkeren, den er im Nahkampf nicht besiegen konnte, nur aus der Entfernung eine Chance hatte. Er nahm dafür Steine und ähnliches.

So benutzte auch der Ninja Waffen, mit denen er seine Gegner auf Distanz besiegen konnte.

Hierzu gehörten unter anderem Kettenwaffen, wie z.B. das Shogei — ein Enterhaken mit einer ca. 8 m langen Kette und einem am Ende befestigten Metallring.

Wenn man aber mit einem Gegner zu tun hatte, der 10 m oder etwas mehr entfernt war, konnte sich der Ninja auf den Shuriken und die Kraft seiner Arme verlassen.

Zwar gab es zur damaligen Zeit schon Sprengstoff, auf dessen Herstellung sich der Ninja auch verstand, aber z. B. für einen Auftrag, bei dem es galt, eine Persönlichkeit in einer gut bewachten Festung zu erledigen, waren die für damalige Verhältnisse gebauten Schußwaffen zu laut. Sie waren oft wie kleine Kanonen oder Mörser konstruiert und hatten ein entsprechendes Gewicht. Außerdem war es schwer, eine solche Kanone in eine Festung hineinzuschmuggeln.

Auch ein Ninja wäre verloren gewesen, wenn er gegen ein Heer von Samurai allein hätte antreten sollen. Sobald ein Schuß sich löste, wäre man über ihn hergefallen.

Oft wurden die Ninja als ,,Schattenkrieger'' bezeichnet. Dies bedeutet, daß der Ninja unter Ausnutzung der Dunkelheit seine vom Staat oder von Einzelpersonen vermittelten Aufträge ausführte, ohne dabei erkannt zu werden.

Wer also konnte mehr Nutzen vom Shuriken haben als ein Ninja? Sein Dasein erforderte geradezu diese kleine, sichere und lautlose Waffe — allerdings mußte der erste Wurf auch ein Treffer sein.

Um den Shuriken perfekt zu beherrschen, bedurfte es eines langen und intensiven Trainings, womit man schon bei den Kindern begann. Da dies den Umständen entsprechend einer Tarnung bedurfte, brachte man ihnen Spiele bei, in denen es galt, Ziele mit kleinen Stöcken oder Steinen zu treffen.

Der Ninja mußte später praktisch Tag für Tag trainieren, um mit dem Shuriken in Form zu bleiben.

Die Wurfeigenschaften des Shuriken hängen von Größe, Material und Form ab. Auch Distanz und Wurfgeschwindigkeit bestimmten die Flugeigenschaft.

Auch die weiblichen Ninja, die ,,Kunoichi", verstanden es meisterlich, mit Haar- oder Schmucknadeln umzugehen und so einen überraschten Gegner zu beseitigen. An ihre Gegner kamen sie oft durch weibliche Verführungskünsten heran und erweckten so keinerlei Mißtrauen.

Da zur damaligen Zeit in verschiedenen Gebieten voneinander unabhängige Ninja-Familien existierten, ergab sich, daß jeder Clan andere bevorzugte Methoden hatte.

So war es die Spezialität einer Familie, mit dem Shogei umzugehen und die einer anderen mit dem Shuriken.

Jede Ryu (Schule) hatte ihren Schwerpunkt.

Shuriken-Jutsu h e u t e

Soll man sich mit einer alten Kampfkunst der Ninja, dem Shurikenwerfen, vertraut machen? Hat das überhaupt einen Sinn? Die Frage muß natürlich jeder für sich selbst beantworten. Es gibt aber heute viele Leute, die sich mit alten asiatischen Waffen und deren Gebrauchsweisen beschäftigen. Manche z. B. üben sich im traditionellen japanischen Bogenschießen, einer ehemaligen Kriegskunst, der man heute eine beachtliche Wirkung auf die eigene Persönlichkeit zuschreibt (siehe das Buch ,,Kyudo'', erschienen im gleichen Verlag). Natürlich denkt heute niemand mehr daran, mit einem solchen Pfeilschuß zu töten.

Andere üben sich z. B. im **Kendo** (Schwertkampf), **Iai-Do** (Schwertziehen) oder im Gebrauch des **Sai** (einer alten japanischen Waffe) ohne zu beabsichtigen, die erlernten Fähigkeiten gegen andere Menschen zu verwenden. Warum soll man sich also nicht mit dem Shuriken-Jutsu beschäftigen?

Das Interesse an den Künsten der Ninja ist international durch verschiedene Filme geweckt worden. Natürlich wurden manche Dinge (wie so häufig beim Film) übertrieben und verzerrt dargestellt. Aber noch heute übt das Leben und Wirken der Ninja eine große Faszination auf viele junge Menschen aus. Waren die Ninja doch zugleich Survival-Experten, Könner im Nahkampf und Meister in der Verwendung verschiedenster Waffen. Ihnen wird nachgesagt, daß sie Konfliktsituationen ohne große Umschweife konsequent beenden konnten, und zwar häufig ohne sich zu schlagen oder geschlagen zu werden. Sie waren aufmerksame Beobachter der Umwelt und verstanden es meisterlich (weil ihnen gar nichts anderes übrig blieb), sich anzupassen und vorhandene Möglichkeiten für sich auszunutzen. Auch die Menschenkenntnis der Ninja, bzw. ihre Fähigkeit, einen Gegner richtig einzuschätzen und seine Vorgehensweise „vorherzusehen'' wurde vielfach gerühmt.

Sind dies nicht Eigenschaften, die heute ebenso wie früher nicht nur im Kampf, sondern vor allem im täglichen Leben gebraucht werden? Wenn es gelingt, durch die Beschäftigung mit den alten Künsten der Ninja, wie dem Shuriken-Jutsu ein wenig davon für das eigene Leben nutzbar zu machen, lohnt sich die Mühe beim Erlernen der Shuriken-Wurfkunst allemal.

Heutzutage wird der Shuriken vor allem als **sportliches** Gerät genutzt. Es gibt Interessengruppen, die mit dem Shuriken Wettkämpfe auf Zielscheiben austragen und das genaue Werfen als interessante Freizeitbeschäftigung betreiben.

Wer einen Shuriken in die Hand nimmt, kann sich schwer der Faszination dieser Wurfwaffe entziehen.

Andere wiederum möchten alle Anwendungsgebiete rund um den Shuriken erlernen (Nahkampf und Tradition), um die alte Kunst der Ninja zu verstehen und nachzuvollziehen.

Es wird niemanden geben, der diese Sportart in der heutigen Zeit betreibt, um sich für Spionagedienste vorzubereiten oder Widersacher aus dem Wege zu räumen. Das Shurikenwerfen ist vor allem eine reizvolle Freizeitbeschäftigung. Der Shuriken ist **kein** Mordinstrument. Andererseits soll man die Gefährlichkeit eines fliegenden Shuriken auch bei sportlichem Eifer nicht unterschätzen — Sicherheit geht vor! Shuriken gibt es in vielen Formen, die weitläufig mit den ebenfalls sehr zahlreichen Wurfmesserformen verwandt sind, egal, ob diese aus Europa, Afrika oder China stammen oder den Wurfmessern der Artisten ähneln.

Man sollte **eine** Form des Shuriken wählen und stets mit dem gleichen Typ werfen — nur so gelingt es, die Handhabung des Shuriken zu perfektionieren. Besonders wichtig ist der richtige Griff des Shuriken und ein sicherer Stand.

Der Bo Shuriken

Der längliche Bo Shuriken ist eine Wurfklinge, die wohl mit dem ,,Tanto'' (Jap. = Dolch/Messer) verwandt ist und daher auch besonders den Samurai vertraut war. Sein Querschnitt ist entweder flach, viereckig oder rund. Es soll auch drei- und sechseckige Querschnitte gegeben haben. Heute gibt es eine Vielzahl von Bo Shuriken Formen.

Bo Shuriken haben mindestens eine und maximal drei Spitzen. Man sollte am besten einfache Ausführungen bevorzugen. Die inzwischen auf dem Markt angebotenen Ausführungen mit tollen Verschnörkelungen treffen nicht besser!

Wichtig für die Treffsicherheit ist, daß der Bo Shuriken gut ausgewogen ist. Wenn man ihn in der Mitte auf dem Finger hält, sollten beide Seiten gleichviel wiegen, dies ist für eine gute Flugeigenschaft unerläßlich.

Die Handhabung des Bo Shuriken ist nicht ganz so einfach zu erlernen, wie sich das viele Leute vorstellen. Auch hier ist noch kein Meister vom Himmel gefallen. Regelmäßiges häufiges Training aber bringt Fortschritte und führt zum Erfolg.

Unter Beachtung der verschiedenen Stellungen und Hinweise hat man nach einiger Zeit, z. B. bei einem Training von 15-20 Minuten täglich, den Bogen raus.

Die Anwendungsgebiete des Bo Shuriken sind der Nahkampf und das Werfen auf Distanz, wobei ein gewisses Gewicht des Shuriken erforderlich ist. Der Bo Shuriken kann auch als Stoß- oder Reißwaffe benutzt werden.

Bei den Ninja wurde er früher auch gelegentlich als Werkzeug eingesetzt.

Da der Bo Shuriken mit dem Messer verwandt ist, lassen sich auch die gebräuchlichen Messerabwehr- und Messerangriffstechniken mit einem Bo Shuriken ausführen.

Geworfen wird der Bo Shuriken in den meisten Fällen auf drei verschiedenen Arten, nämlich horizontal aus der Schulter bzw. aus der Hüfte und vertikal aus der Schulter heraus.

Das Fassen des Bo Shuriken

Der Bo Shuriken kann wahlweise mit der Spitze nach vorne oder nach hinten gehalten werden.
Er wird bei einer Version mit dem Daumen auf die Handfläche gedrückt (Abb. 1).

Abb. 1/2

Beim beidseitig angespitzten Shuriken ist es natürlich egal, wie er gehalten wird.
Bei einspitzigen Shuriken kann die Spitze wahlweise nach oben oder unten zeigen.
Der Bo Shuriken kann auch zwischen Daumen und Zeigefinger gehalten werden (Abb. 2).
Wichtig ist es, den Shuriken (der jeweiligen Distanz angepaßt) immer mit gleicher Kraft zu werfen.

Die horizontale Wurftechnik mit dem Bo Shuriken

Das Körpergewicht ruht hauptsächlich auf dem linken hinteren Fuß (Standbein). Der rechte Arm wird ungefähr in Höhe der linken Brust bzw. Schulter gehalten (Abb. 3).
Nun wird der Wurfarm durch eine Drehbewegung des Körpers nach vorn in Schulterhöhe gestreckt. Der Shuriken wird dabei losgelassen und dadurch regelrecht ins Ziel gedrückt (Abb. 4).

Abb. 3/4

Der Bo Shuriken sollte nicht aus dem Handgelenk geworfen werden, weil sich dies (wenn überhaupt) nur auf kurze Distanz positiv auswirkt.

Bei einer Variation der horizontalen Wurftechnik ruht das Körpergewicht ebenfalls auf dem linken hinteren Fuß (Standbein). Der rechte
Arm (Wurfarm) wird jedoch in Brust- bzw. Bauchhöhe gehalten (Abb. 5).

Abb. 5/6

Nun wird der Wurfarm durch eine Drehbewegung der Hüfte nach vorn
ca. in Bauchhöhe gestreckt. Der Shuriken wird losgelassen und ins Ziel
gedrückt (Abb. 6). Auch hier bitte nicht aus dem Handgelenk werfen!

Die vertikale Wurftechnik mit dem Bo Shuriken

Das Körpergewicht lastet hauptsächlich auf dem rechten hinteren Bein (Standbein). Der rechte Arm (Wurfarm) wird angewinkelt in Kopfhöhe gehalten. Der linke Arm wird nach vorne gestreckt (Abb. 7).
Nun wird der rechte Wurfarm aus einer Hüftdrehung heraus nach vorne gestoßen und der Stand auf das vordere Bein verlagert. Der linke Arm geht dabei zurück. Auch hier wird der Shuriken regelrecht ins Ziel gedrückt und nicht aus dem Handgelenk geworfen (Abb. 8).

Abb. 7/8

Man kann den Bo Shuriken gerade ins Ziel bringen (also ohne Halbdrehung), allerdings nur auf eine kurze Entfernung von 2 bis 4 Metern, wobei Genauigkeit und Kraft eine große Rolle spielen.
Bei größeren Entfernungen soll sich der Bo Shuriken beim Wurf (vergleichbar mit den Drehungen, die ein Wurfmesser beim Flug macht), drehen.

Man sollte am Anfang versuchen, die halben Drehungen zu berechnen, die der Bo Shuriken zwischen Werfer und Ziel macht. Durch ständiges Üben bekommt man später ein sicheres Gefühl für den richtigen Wurf. Dabei ist das verläßliche Einschätzen der Entfernung von großem Nutzen.

Kann man auch eigene Wurfvarianten mit ins Training einbeziehen? Ja!

Man sollte grundsätzlich flexibel sein und das Werfen später auch aus der Hocke, aus der Höhe oder am Boden liegend üben (das gleiche gilt natürlich auch für die Hira Shuriken).

Hierbei ist es allerdings besser, auf ,,künstliche Verrenkungen'' zu verzichten und den Shuriken möglichst schnell und konsequent ins Ziel zu bringen.

Welche Funktion haben die Stoffäden an manchen Bo Shuriken?

Die Stoffäden dienen zur Stabilisation des Bo Shuriken. Man nennt sie auch Flugstabilisierungsquaste.

Diese Flugstabilisierungsquaste kann bei weiten Distanzen sehr nützlich sein, denn sie verhindert ein seitliches Abdriften bzw. Trudeln des Bo Shuriken in der Luft.

Der Hira Shuriken

Der runde oder sternförmige Hira Shuriken hat stets mehr als zwei Spitzen, im allgemeinen drei bis acht.
Beim Training sollte man sich auf drei Varianten beschränken:

    a)   den Dreispitz-Shuriken

    b)   den vierspitzigen Semban-Shuriken
         (der von der Togakure-Ryu benutzt wurde)

    c)   den Achtspitz-Shuriken

a)   Der dreispitzige Shuriken eignet sich am besten für den Nahkampf, indem man ihn in die Faust nimmt.
Man kann damit Stoß- und Schneidetechniken ausführen.

b)   Die zweite Variante, der vierspitzige (Semban) Shuriken, ist ebenfalls im Nahkampf einsetzbar — mit ihm können auch Reißtechniken ausgeführt werden. Darüber hinaus eignet er sich besonder gut für das Werfen auf Distanz (bis zu zehn Metern).

c)   Der achtspitzige Shuriken eignet sich zum Wurf, aber nicht für den Nahkampf — man würde sich nur selbst verletzen.

Der Shuriken war eine beliebte Ablenkungs- oder Schockwaffe, indem man dem Angreifer einen oder mehrere Shuriken entgegenschleuderte. Man warf jedoch nie alle seine Waffen wie wild von sich, denn es konnte ja anschließend zum Nahkampf kommen. Deshalb behielt man immer noch ,,einen Trumpf im Ärmel'', es sei denn, man nutzte die Überraschung des Gegners und machte sich aus dem Staub.

Welche Körperhaltung soll man beim Werfen des Hira Shuriken einnehmen?

Man sollte auf jeden Fall die zwei beschriebenen Grundstellungen beachten, die beide aus dem waffenlosen Kampf der Ninja, dem Tai-Jutsu abgeleitet sind.

Es gibt die vertikale und die horizontale Wurfmethode.
Unter Beachtung dieser beiden Körperhaltungen lassen sich nach und nach bei 15 bis 20 Minuten Training täglich beachtliche Erfolge erzielen, wobei jeder zu einem eigenen Wurfstil finden muß. Bei gleicher Distanz sollte stets mit konstanter Kraft geworfen werden.
Man kann auch hier Varianten in sein Training einbeziehen und verschiedene Wurfarten bzw. Richtungen ausprobieren.
Man sollte das allerdings nicht übertreiben. Es muß stets die Kontrolle über den Wurf bestehen bleiben . Es soll schon ,,Meister'' gegeben haben, die einen Shuriken zwischen die Zähne nahmen, den Kopf zur Seite rissen und so versuchten, ihn ins Ziel zu bringen!

Das Fassen des Hira Shuriken zum Wurf

Der Hira Shuriken wird z.B. vertikal in der Hand gehalten, und zwar zwischen Daumen und Zeigefinger (Abb. 9).
Man kann ihn bei der horizontalen Wurfweise auch zwischen Daumen und Zeigefinger halten (Abb. 10).

Abb. 9/10

Das Fassen des Hira Shuriken zum Nahkampf

Der Vierspitz-Shuriken wird in die Handfläche gelegt und von den Fingern umschlossen. Dabei ist darauf zu achten, daß eine Spitze nach oben und eine nach unten zeigt. Die dritte Spitze zeigt nach vorn (Abb. 11). Es ist darauf zu achten, daß die vierte Spitze auf dem Handballen aufliegt, um eine Handverletzung auszuschließen.

Der Dreispitz-Shuriken wird in die Hand gelegt und von den Fingern so umschlossen, daß eine Spitze zwischen Zeige- und Mittelfinger sichtbar ist (Abb. 12). Bei größeren Dreispitz-Shuriken (und kleinen Händen) kann man zusätzlich die beiden anderen Spitzen nutzen, die links und rechts aus der Faust herausragen.

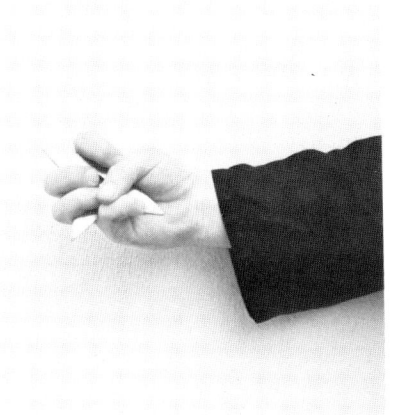

Abb. 11/12

23

Die vertikale Wurftechnik mit dem Hira Shuriken

Das Körpergewicht ruht hauptsächlich auf dem rechten hinteren Bein (Standbein). Der rechte Arm (Wurfarm) wird angewinkelt in Höhe des Kopfes gehalten. Der linke Arm wird nach vorn gestreckt (Abb. 13). Nun wird aus einer Hüftdrehung heraus der rechte Wurfarm nach vorne gestoßen und der Stand auf das vordere Bein verlagert. Der linke Arm geht dabei zurück. Auch hier wird der Shuriken regelrecht ins Ziel gedrückt und nicht aus dem Handgelenk geworfen (Abb. 14).

Abb. 13/14

Die horizontale Wurftechnik mit dem Hira Shuriken

Der Körper ruht hauptsächlich auf dem rechten Bein (Standbein). Der rechte Arm wird ungefähr in Höhe der linken Hüfte gehalten (Abb. 15). Nun wird der Wurfarm durch eine Drehbewegung der Hüfte nach vorn gebracht und gestreckt. Der Shuriken wird losgelassen und dabei regelrecht ins Ziel gedrückt (Abb. 16).

Abb. 15/16

Abb. 17 Diverse Shuriken Typen

Die Herstellung der Shuriken

In früherer Zeit, in der Metall noch ein besonders teures Material war, behalf sich der Ninja bei der Herstellung von Shuriken oft mit Holz. Die Shuriken wurden meist aus einer bestimmten Art Eisenholz oder aus anderen strapazierfähigen Harthölzern gefertigt.

Das Bearbeiten und Anspitzen dieser Materialien war oft um ein vielfaches einfacher, als das Schärfen von Metall-Shuriken.

Der Ninja baute damals zunächst vorwiegend Bo Shuriken.

Er hatte die Möglichkeit, mehrere längliche Spitzen zusammenzubinden, um so zur Hira-Form zu gelangen.

Dies ging so ähnlich vor sich, wie das Herstellen von Weihnachtssternen aus Stroh. Die gleichlangen Spitzen wurden übereinander gelegt, und nach einer Art Zick-Zack-Methode umwickelt, bis genügender Halt und ein entsprechendes Gewicht zustande kam.

Der Hira Shuriken konnte zwar auch aus einem Stück Hartholz gefertigt werden, was aber doch sehr viel schwerer war. Der Ninja brauchte viel Geduld bei dieser Herstellungsmethode, da der Shurikan möglichst gleichmäßig sein mußte, weil sonst kein genauer Wurf möglich war.

Der Holz-Shuriken wurde fast ausschließlich für Trainingszwecke benutzt, obwohl ein Holz-Shuriken bei richtigem Einsatz seinen Zweck auch nicht verfehlt.

Mit dem Holz-Shuriken konnte sich der Ninja vor allem in freier Natur für den Fall, daß keine andere Waffe zur Hand war, behelfen. Er konnte ihn auch aus Ästen und Gräsern herstellen und zum Anschleifen einen Stein verwenden.

Chinesische Priester führten zur damaligen Zeit ähnliche Gebilde wie Hira Shuriken mit sich, die sie aus einer speziellen Muschelsorte herstellten.

Diese Shuriken waren, richtig geworfen, genauso gefährlich wie Metall-Shuriken.

Die Priester trugen diese Gebilde wohl in erster Linie als Schmuckstück oder religiöses Symbol, doch waren sie ein willkommenes und effektvolles Verteidigungsutensil für alle Fälle.

Für den eigentlichen Auftrag bzw. für den Ernstfall nahm der Ninja möglichst einen Metall-Shuriken.

Die Metall-Shuriken wurden früher mehrfach geschmiedet, wobei sich der Ninja wohl einer speziellen Härtungsmethode bedient haben muß. Der Metall-Shuriken konnte jedoch auch gegossen und dann geschliffen werden. Welche dieser Methoden damals die häufigste war, vermag heute wahrscheinlich niemand mehr genau zu sagen. Außerdem wird hier und da noch die Meinung vertreten, der Ninja habe damals auch Steine als Hira-Shuriken eingesetzt. Diese Vermutung ist ohne weiteres denkbar, denn mit der Bearbeitung von Steinen kannten sich die Japaner nachweislich bereits vor dem 9. Jahrhundert v. Chr. bestens aus.

Zu dieser Zeit allerdings kamen (aus Korea kommend) Metallwerkzeuge auf, und man begann auch Schwerter (u.a. aus Bronze) herzustellen.

Die Japaner lernten schnell mit dem Metall umzugehen und ihre Waffen selbst zu schmieden. Zu dieser Zeit gab es allerdings noch keine Ninja.

Heute erfolgt die Herstellung der Shuriken maschinell.

Sie werden in Ländern wie Japan, China, Korea, Taiwan und sogar Amerika zu Abertausenden hergestellt und in andere Länder exportiert.

Sie werden meistens am Fließband, in Blechstanzereien, produziert. Ihre Formen sind recht unterschiedlich (Abb. 17). Sie sind lackiert, brüniert, verchromt oder sogar vergoldet. Die Lackierungen reichen von Camouflage bis Schwarz. Oft sind sie außerdem mit auflackierten oder eingeprägten Motiven versehen.

Diese Dekorationen reichen vom Ninja- bis zum Ying Yang-Symbol oder dem Drachenmotiv. Hier ist der (häufig einfältigen) Phantasie der Hersteller keine Grenze gesetzt.

Die Materialbeschaffenheit reicht vom einfachen 1 mm Blech bis zum etwa 2 cm dicken Stahl.

Man bekommt Shuriken in Surigal-Stahl (Instrumentenqualität) oder in feinstem rostfreien, gehärtetem Edelstahl.

Der Shuriken wird durch die Anzahl seiner Spitzen, die Beschaffenheit der Klingen (geschärfte Seiten der Spitzen) und das Zentrum des Shuriken (Mittelloch) bestimmt und durch Form, Material und Größe charakterisiert.

Die Marktpreise für Shuriken sind daher sehr unterschiedlich. Für einen einfachen Shuriken benötigt man nur etwa ein Zehntel des Preises wie für einen schweren Shuriken aus gutem Stahl. Es soll in Deutschland sogar Waffenschmiede geben, die Hira Shuriken zu einem nicht unerheblichen Preis von Hand herstellen und auf Wunsch fast jedes beliebige Muster fertigen.

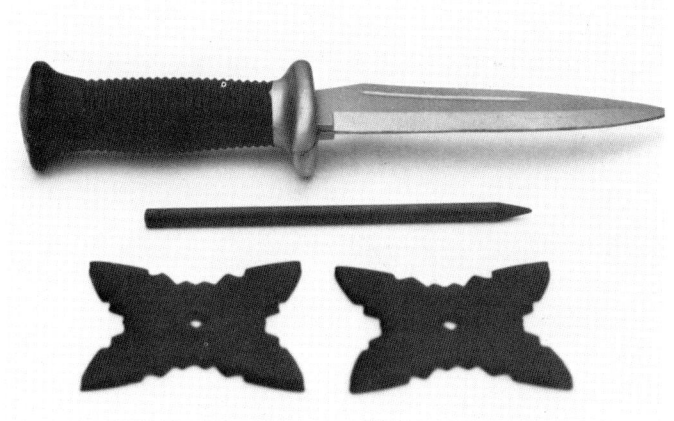

Abb. 18

Bo Shuriken hingegen werden heute meist in Drehereien als lange spitze Metallbolzen hergestellt.

Gummi-Shuriken, die ausschließlich für Trainingszwecke gedacht sind, werden ähnlich wie Metall-Shuriken, am Fließband hergestellt. Diese nützliche Art von Übungs-Shuriken kannte der historische Ninja natürlich noch nicht.

Gummi-Shuriken sind so beschaffen, daß ein Verletzen, sei es im Nahkampf oder beim Wurftraining, ausgeschlossen ist (Abb. 18). Auch bei diesen Shuriken gibt es die verschiedensten Farben und Formen.

Ihr Durchmesser reicht von ca. 6-13 cm. Ihre Stärke von ca. 1-6 mm.

Holz-Shuriken werden heute, soweit es Händler oder die Industrie betrifft, nicht mehr hergestellt.

Doch sei auch in der heutigen Zeit jedem Anhänger des Shuriken-jutsu empfohlen, sich einmal einen Holz-Shuriken aus in der Natur vorkommenden Materialien selbst herzustellen.

Trageweisen des Hira und Bo Shuriken

In früherer Zeit hatte der Ninja die Möglichkeit, die Shuriken in seinem Gewand oder z.B. in Gefäßen zu transportieren. Er konnte Bo Shuriken aber auch im Hohlgriff eines Stockes oder Schwertes verstecken.

Dem Einfallsreichtum des Ninja waren dabei kaum Grenzen gesetzt. Besonders die weiblichen Ninja, die Kunoichi, besaßen fantastische Möglichkeiten, Hira- und Bo-Shuriken zu verstecken. Oftmals trugen sie Bo Shuriken getarnt als Haar- und Schmucknadeln öffentlich mit sich, ohne Mißtrauen oder Aufsehen zu erregen.

Sie konnten den Bo Shuriken z.B. auch in einem Blumenstrauß mit sich tragen, ohne daß jemand auch nur auf den Gedanken kam, dadurch irgendwie in Gefahr zu geraten.

Die Kunoichi hatten aber auch andere gute Möglichkeiten, Shuriken mit sich zu tragen, ohne Verdacht zu erregen.

Sie besaßen zum Beispiel Teezubereitungsgefäße, Küchengeräte und andere Gefäße. Diese dienten hervorragend dem Zweck, Hira-Shuriken zu transportieren (Abb. 19).

Abb. 19

31

Wer zweifelt schon an einer Frau, die mit irgendwelchen Küchengeräten zu Gange ist?

Eines der Meisterstücke der Ninja ist das im folgenden abgebildete Schwert. Es ist eine Nachbildung eines ca. 500 Jahre alten Original-Ninja-Schwertes, eines Museumsstückes, das besonders interessant ist. Es hatte eine fein geschmiedete, mit Wellenschliff versehene Klinge. Im Griff war eine Giftkapsel eingebaut, die wohl auch für Blendpulver benutzt wurde. Auf dem Stichblatt (Jap. = Tsuba) waren zwei sembanartige Hira Shuriken eingelegt. Die Scheide (jap. = Saya) konnte zum Luftholen unter Wasser verwendet werden. In ihrem unteren Teil waren zwei Wurfmesser eingearbeitet, die durch Herausziehen des Endstückes sofort griffbereit wurden.

Dieses Schwert ist heute als Nachbau mit einer geschliffenen, rockwellgehärteten Stahlklinge (ca. 46-50 Grad, aus Aisi 420 rostfreiem Stahl) erhältlich (Abb. 20).

Abb. 20

Dem heutigen Ninjitsu-Freund steht neben den traditionellen Methoden eine Fülle von Möglichkeiten zum Shurikentransport zur Verfügung, die selbst James Bond vor Neid erblassen lassen würden.

Da gibt es zum Beispiel als neue Errungenschaft das Hira Shuriken-Schnellziehhalfter:

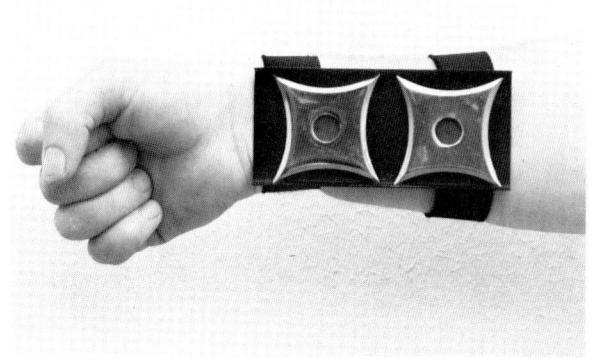

Abb. 21/22

Zwei Shuriken werden auf einer Metallplatte mittels Magneten gehal-
ten und sind so jederzeit griffbereit (Abb. 21).
Es gibt ein Falt-Täschchen für Hira Shuriken:
Nach dem Öffnen eines Druckknopfes sind die Shuriken, die auf einem
Metallstift liegen, sofort griffbereit (Abb. 22).
Eine andere Möglichkeit bieten diverse Gürtelschnallen, auf denen
Shuriken als Schmuckstücke angebracht sind.

Shuriken Schnellziehfalttäschchen

Durch einfaches Öffnen des Druckknopfes werden drei bis vier Sem-ban Shuriken sichtbar, die auf einem runden Metalldorn aufliegen und griffbereit sind.

Shuriken Schnellziehhalfter

Zwei Shuriken liegen auf zwei starken Magneten, die ihrerseits auf einer länglichen Metallplatte angebracht sind — gehalten wird das ganze von zwei Klettverschlüssen.

Natürlich sollte man auch die einfachen Trageweisen in Innentasche, Gürteltasche, Beintasche oder dem Tabi (Schuh) nicht außer acht lassen.

Für Bo Shuriken kommt ebenfalls der Innengürtel und die Beintasche in Betracht — auch der Tabi-Schuh bietet ein hervorragendes Versteck. Für den Bo Shuriken gibt es auch ein Schnellziehhalfter. Es besteht aus dickem, strapazierfähigem Stoff und wird mit einem Klettverschluß am Arm befestigt.

Es gibt zwei Ausführungen eines solchen Halfters: nämlich für drei und für fünf Bo Shuriken.

Der Stoff des Halfters ist so genäht, daß kleine Stoffröhren entstehen, in die die Bo Shuriken gesteckt werden.

Eine andere heutige Errungenschaft ist der sogenannte **Pen-Dart**. Dies ist ein Bo Shuriken, der in einem Füllfeder- oder Kugelschreiber-halter befestigt ist.

Durch Abziehen des Verschlusses ist der Pen-Dart sofort griffbereit.

Der Pen-Dart erfreut sich großer Beliebtheit, da selbst ein öffentliches Tragen dieser Waffe keinerlei Aufsehen erregt, denn wer vermutet schon in einem Kugelschreiber eine Waffe?

Durch die hier vorgestellten Trageweisen wird klar, daß die auf die heutige Zeit zugeschnittenen Transportmöglichkeiten dem traditionellen Erfindungsreichtum der Ninja nicht nachstehen und man sich „von Kopf bis Fuß" bewaffnen kann (Abb. 23/24).

Shuriken-Schnellziehhalfter

Innentasche

Gürtelschnalle

Bein-Tasche

Abb. 23

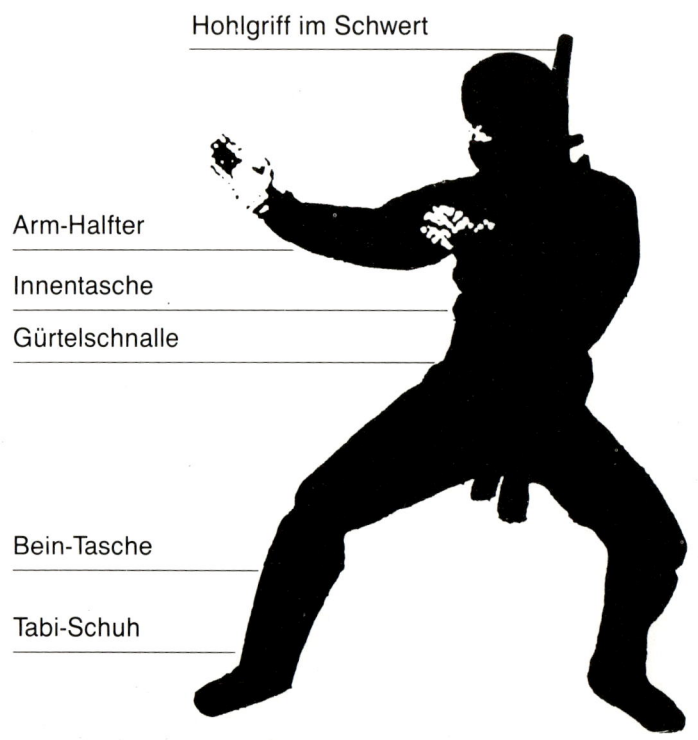

Hohlgriff im Schwert

Arm-Halfter

Innentasche

Gürtelschnalle

Bein-Tasche

Tabi-Schuh

Abb. 24

Das Aufwärmen vor dem Shuriken-Training

Eine wichtige Vorübung vor dem Nahkampf- oder Wurftraining ist das Aufwärmen bzw. die Gymnastik.

Für das Wurftraining eignen sich besonders gut Übungen, die die Finger stärken. Ebenso wichtig ist ein Training der Arme und Beine. Das Fingertraining kann man mit dem im Handel erhältlichen "Eagle Catcher" (Abb. 25) oder mit einer mehrfach zusammengefalteten Plastiktüte, die man in der Hand zusammendrückt (Abb. 26), bewältigen.

Das Fingertraining soll verhindern, daß der Shuriken bei schnellen Wurfbewegungen zu früh die Hand des Werfers verläßt.

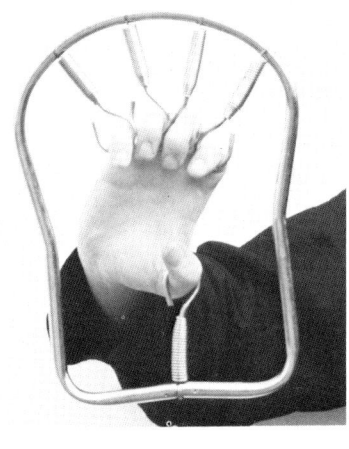

Abb. 25/26

Hier sollen drei Übungen erläutert werden, die zum Training des Shuriken-Jutsu sehr hilfreich sind.

Sie dienen zur Stärkung der Arme, der Beine und der Rückenpartie.

Die abgebildeten Übungen sollte man in jedes Training einbeziehen, da die Stärkung der Arme und die Dehnung der Rückenpartien zu einem kraftvollen und genauen Wurf ebenso beitragen, wie eine sichere Hand und das richtige Timing.

Die Stärkung der Beine ist genauso wichtig, da dies einen festen, aber auch elastischen Stand garantiert, der beim Wurf erforderlich ist.

Diese Übungen sollen natürlich nur eine Anregung sein. Man kann noch viele weitere, zweckentsprechende Übungen ins Training mit einbeziehen.

Jeder kann seine Gymnastik individuell so gestalten wie er meint.

Wichtig ist, daß man sich vor dem Training fünf bis zehn Minuten durch Übungen mit dem Sprungseil, Laufen oder ähnliche Übungen aufwärmt. Einfaches Hüpfen und Springen dient dem gleichen Zweck. Daß man sich für das Nahkampftraining besonders sorgfältig aufwärmen muß, versteht sich von selbst.

Liegestütz

Diese Übung (Abb. 27) soll zur Stärkung der Arme beitragen. Die Arme werden wiederholt gebeugt und gestreckt (10x, 30x, 50x).

Abb. 27

38

Seitliche Kniebeuge

Zur Stärkung und Dehnung der Beine trägt diese Spezialübung bei
(Abb. 28). Durch Verändern der Position von rechts nach links und von
links nach rechts, läßt sich diese Übung unterschiedlich ausführen (5x,
10x, 20x).

Abb. 28

Rumpfbeuge

Zur Stärkung der Rückenpartie dient diese Budo-Übung (Abb. 29), die
aber ebenso die Dehnung der Beine fördert. Durch Beugen des Rump-
fes von rechts nach links und von links nach rechts wird die Muskulatur
entsprechend trainiert (5x, 10x, 20x).

Abb. 29

Abb. 30

40

Die Shuriken-Wurfbahn

Man benötigt einen freien, übersichtlichen etwa 20 x 20 m großen Platz, dessen eine Seite durch einen Shuriken-Fang (Netz, Pfeilfang etc.) oder einen Erdwall gesichert bzw. abgeschlossen ist. Oder man hat ein überschaubares, freies Feld zur Verfügung (Abb. 30).

Die Wurfbahn (in der Mitte des Platzes) sollte bis zu 15 m lang sein, wobei bei 3 m, 5 m, 10 m und 15 m Markierungen (Kreide, Sandstrich) angebracht werden. Am Ende der Bahn (vor dem Shuriken-Fang) befindet sich das Ziel aus weichem Holz (z.B. Weide) mit aufgeklebter Zielscheibe. Die Sicherheitsvorschriften sind streng zu beachten.

Man beginnt mit dem Werfen an der 3 m-Marke und vergrößert dann anschließend stufenweise die Distanz.

Durch häufige Übung entwickelt man allmählich ein Gefühl für die richtige Kraft und Wurfweise entsprechend der vorgegebenen Entfernung.

Punktwertungen gibt man stets nur für die gleiche Entfernung. Üblich sind fünf Shuriken-Würfe pro Ziel und evtl. zusätzlich ein Streuwurf auf die 5 m-Distanz.

Nach dem Wurfwettbewerb oder Training sollten die Shuriken stets gesäubert, getrocknet und leicht eingeölt werden.

Die Sicherheit beim Shuriken-Training

Dies ist eine sehr wichtige Frage, mit der sich jeder einzelne eingehend beschäftigen sollte.

Wie schnell hat man einen Shuriken über den Gartenzaun geworfen und den Nachbarn unangenehm beim Sonnen gestört.

Deshalb sollte man stets einige wichtige Sicherheitsbestimmungen streng beachten:

1. Man sollte niemals mit Metall-Shuriken in einem geschlossenen Raum trainieren.
2. Wichtig ist, daß man zum Nahkampftraining und zum Wurftraining in Räumen **nur** Gummi-Shuriken oder Gummi-Messer (Tanto) verwendet.
3. Beim Gelände-Training ist der Parcours **sorgfältig** zu sichern und dafür Sorge zu tragen, daß nur jeweils **eine** Person Wurfübungen macht.

Im Handel werden Messer und Shuriken aus weichem Gummi angeboten, mit denen Trainingsunfälle durch scharfe Kanten ausgeschlossen sind.

Effektive Shurikenziele

Um das Wurftraining interessant zu gestalten, sollte man sich möglichst mehrere Ziele aufstellen oder unterschiedliche Wurfbahnen bauen.

Solche Ziele kann man zum einen zu Hause im hinreichend großen Garten fest installieren und zum anderen so bauen, daß sie transportabel und dadurch überall hin mitzunehmen sind.

Als Materialien eignen sich dafür vor allem Sperrholz, da dieses Material nicht allzu hart ist. Es eignen sich auch Tannenholz und Fichte (wegen der Maserung) sehr gut.

Als Ziele kann man auch im Handel erhältliche Shuriken-Dartboards verwenden, die auch mit Papierzielscheiben lieferbar sind (Abb. 31).

Abb.31

Genausogut kann aber auch eine rohe oder eine mit Kreisen bemalte Holzplatte genommen werden.

Es gibt natürlich viele Möglichkeiten, wie man sich seine Ziele oder seine Wurfbahn gestalten kann.

Wie wollen hier einige Varianten aufführen, die ein gutes Training ermöglichen und nicht zu teuer sind.

Alle sollten aber im Sinne des Sportes darauf achten, daß die Zielscheibe nicht z.B. Menschenform (aus Sperrholz gesägt) annimmt, da dies vom nächsten Nachbarn leicht falsch verstanden werden könnte. (Bekanntlich sind schon Ninja-Handkrallen und Nunchakus gesetzlich verboten worden, weil Chaoten damit herumhantiert haben.) Damit wurde Tausenden von Sportlern die Beschäftigung mit alten Waffen beschränkt.

Bitte, gehen Sie darum **verantwortungsbewußt** mit dem Shuriken um. Wir sollten uns nicht selbst durch leichtfertiges Verhalten oder gefährlich aussehenden Zielscheiben in Verruf bringen.

Wichtig ist auch, daß man sich seine Shurikenwurfbahn mit einfachen Mitteln ohne große Unkosten bauen kann.

Ebenso wichtig ist es, daß man auf bewegliche und leicht aufzustellende Ziele wirft, wie zum Beispiel mit Wasser gefüllte Plastikbecher, die auf einem Balken oder auf einem Tisch stehen.

Die folgenden Übungen sollen die Konzentration und die Reaktion fördern.

Ein mit Wasser gefüllter Plastikbecher soll dazu beitragen, darauf zu achten, daß der Shuriken trotz des leicht verrückbaren Zieles das Ziel kraftvoll durchbohrt.

Damit soll die Kraft beim Wurf gefördert werden.

Bewegliches Ziel

Ein bewegliches und unberechenbares Ziel kann eine Zielscheibe sein, die von Menschenhand geführt wird.

Dazu braucht man nur eine ca. 3-4 Meter lange Holzlatte, die mit einer runden Zielscheibe verschraubt ist.

Die Holzlatte sollte ziemlich lang sein, um nicht im Gefahrenbereich des Shuriken zu verweilen.

Man darf diese Übung aber nur dann probieren, wenn eine dementsprechende Mauer als Schutz zur Verfügung steht. (Abb. 32 — die Hand kommt im „Ernstfall" natürlich nicht hinter der Mauer hervor).

Dabei darf man auf keinen Fall leichtsinnig sein! Der Durchmesser der Zielscheibe kann je nach Schwierigkeitsgrad zwischen 20 cm und 50 cm variieren. Die Wurfübungen an diesem Ziel sollen Reaktion und Konzentration steigern.

Abb. 32

Das versteckte Überraschungsziel

Dieses Ziel sieht ziemlich kompliziert aus, ist es aber nicht. Es läßt sich recht einfach herstellen. Mit Hilfe einer runden Platte, dreier Latten, verschiedener Schrauben und dem schweren Fuß eines Sonnenschirmes (oder eines mit Beton ausgegossenen Autoreifens) läßt es sich leicht zusammenbauen (Abb. 33).

Je nach Größe und Bauart kann diese „Zielmaschine" hinter einem Baum oder einer Häuserecke versteckt werden.

So kann man zum Beispiel bei einem Geländeparcours aus einem sicheren Versteck heraus mittels einer Schnur, dieses Ziel auslösen, wenn sich andere Teilnehmer nähern.

Der überraschte Teilnehmer muß dann so schnell wie möglich seinen Shuriken ins Ziel bringen.

Der Sinn dieser Übung ist vor allem die schnelle Reaktion im Überraschungsmoment.

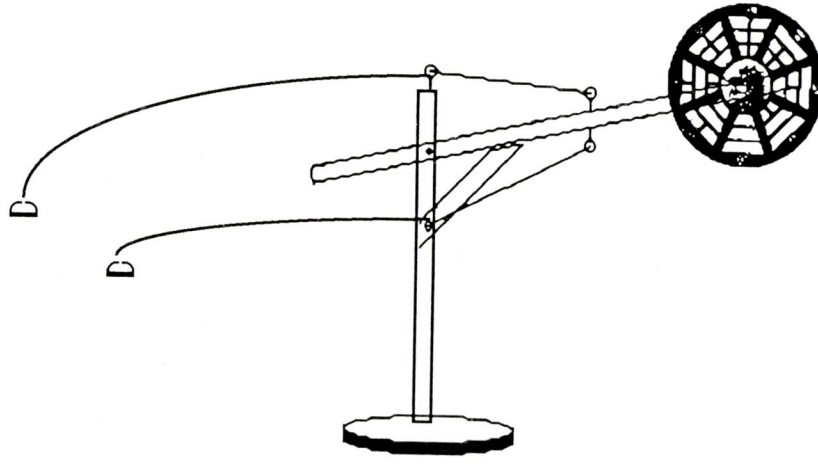

Abb. 33

Das getarnte Überraschungsziel

Dieses Überraschungsziel hat den Vorteil, daß es auch relativ einfach gebaut werden kann (Abb. 34).
Zusammengeklappt ist es nicht höher als 20-25 cm. Es eignet sich daher sehr gut zum Gebrauch in einem Geländeparcours. Das getarnte Überraschungsziel kann zum Beispiel mit Laub bedeckt werden, oder man versteckt es in einer Grube.
Sobald sich ein anderer Teilnehmer nähert, kann man es durch eine Schnur außerhalb des Gefahrenbereichs bzw. der Wurfbahn auslösen.
Das Ziel richtet sich dann ruckartig auf.
Der Sinn dieser Zielübung ist ebenfalls die schnelle Reaktion im Überraschungsfall.

Abb. 34

Das stehende Pendelziel

Um ein genaues, schnelles Werfen auf bewegliche Ziele bzw. Gegenstände zu üben, eignet sich besonders ein Pendelziel.
Es ist eigentlich auch relativ einfach herzustellen. Man benötigt zwei kufenartige Holzstücke, die man von unten mit einer biegsamen Sperrholzplatte bespannt.

47

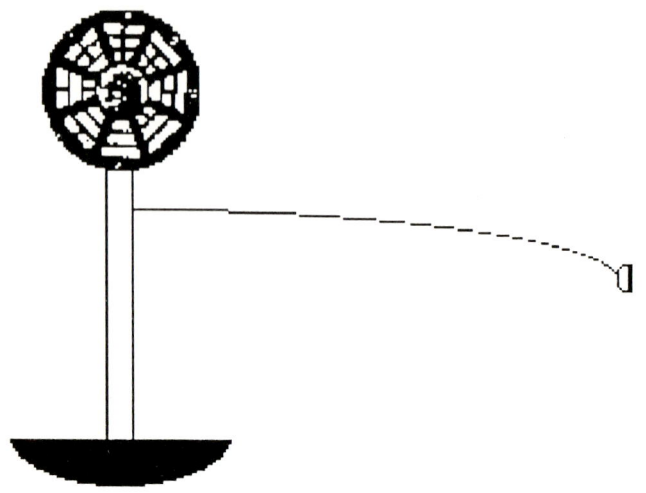

Abb. 35

Darauf setzt man eine weitere Platte mit einem ausgesägten Loch. Durch dieses Loch wird das Gerät nun mit Sand gefüllt und darin eine kräftige runde Stange, die ca. 120-150 m hoch sein sollte, befestigt. Nun setzt man eine runde Zielplatte auf das Stangenende und verschraubt sie recht gut (Abb. 35), womit das Ziel fertiggestellt ist. Durch Antippen oder eine an der Stange angebrachte Schnur kann man das Ziel in Bewegung setzen. Die Wurfübung auf dieses Ziel fördert die Konzentration und die Beobachtungsarbeit der Augen.

Das hängende Pendelziel

Das hängende Pendelziel ist besonders einfach herzustellen.
Man benötigt hierzu lediglich eine Holzlatte mit drei Löchern und eine runde Holzscheibe mit aufgemaltem Ziel und zwei Löchern.

Die runde Zielscheibe wird nun auf das Ende der Latte mit den zwei Löchern gelegt und beides mit zwei Schrauben festgezogen. Der Pendel ist damit fertig. Das dritte Loch am anderen Ende der Latte dient zur Befestigung an einem Ast oder Balken mit Hilfe eines Nagels.
Mit Hilfe einer Schnur kann man das Ziel nun leicht in Bewegung setzen (Abb. 36).

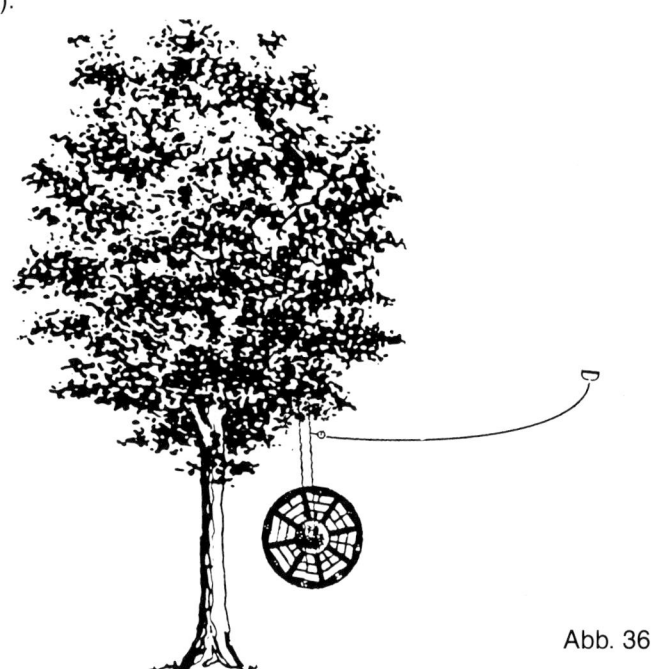

Abb. 36

Die Wurfübung auf dieses Ziel soll ebenfalls die Reaktion und die Wahrnehmungsfähigkeit der Augen schulen.
Natürlich muß auch hier kraftvoll geworfen werden.

Das Fünffachziel

Das Fünffachziel ist ein weiteres wichtiges Trainingsgerät.

49

Es kann mit fünf Zielscheiben auf einer größeren Holzplatte hergestellt werden.

Die Ziele werden am besten wie bei der 5 auf dem Würfel angeordnet (Abb. 37).

In gleicher Anordnung können auch fünf Ziele an einem Seil zwischen zwei Bäumen (nicht zu fest) angebracht werden.

Der Shuriken muß nun kraftvoll und sicher geworfen werden, da die fünf Holzziele mitschwingen.

Zweck der Übung ist das schnelle, kraftvolle Werfen von mehreren Shuriken auf verschiedene Ziele.

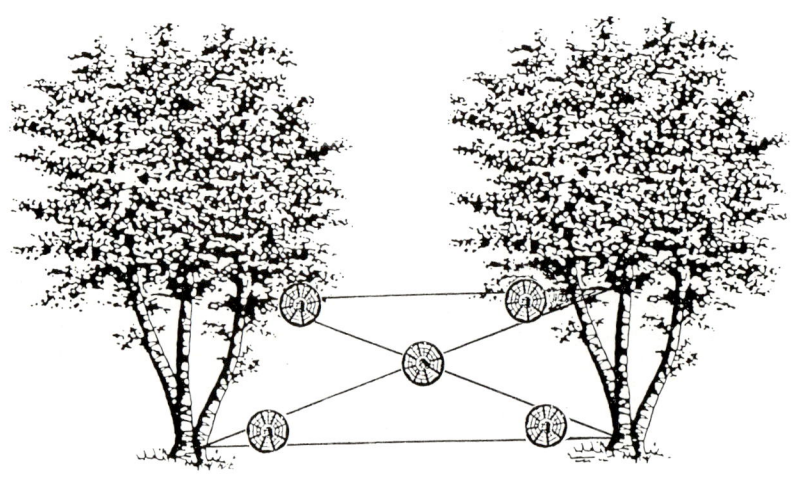

Abb. 37

Das Training im Gelände

Hat man sich, wie beschrieben, einige Ziele gebaut und damit trainiert, so empfiehlt es sich, mit diesen Zielen einen Wettkampf möglichst innerhalb einer Interessengemeinschaft zu veranstalten.

Nach richtiger Aufstellung dieser Ziele kann auf diese Weise besonders realistisch trainiert werden.

Das Training im Gelände kann man im Großen wie im Kleinen veranstalten. Die Ziele wird man meist mit Schnüren zentral bedienen. So sind bei richtiger Aufstellung nur wenige Personen zur Bedienung nötig, d.h. man kann auch im kleinen Kreis einen Parcours aufbauen.

Jeder Teilnehmer nimmt immer nur eine abgezählte Anzahl Shuriken auf den Parcours mit. Kinder und Jugendliche dürfen nur unter Aufsicht teilnehmen.

Vorschläge für einen Wettbewerb

Benötigt werden eine Stoppuhr und ein Block, um die Treffer zu notieren. Die Aufgabe des Veranstalters besteht darin, Material und Ziele bereitzustellen und für einen geordneten, sicheren Ablauf des Wettbewerbs zu sorgen sowie ein geeignetes Gelände auszusuchen, für das die Erlaubnis zum Shuriken-Werfen vorliegt.

Nun startet der erste Teilnehmer und schlägt seinen vorher abgesprochenen Weg vorsichtig und nicht zu schnell ein. Seine Leistungen werden ebenso wie bei allen anderen registriert.

Zuerst kommt z.B. hinter einem (möglichst am Anfang befindlichen) Baum ein verstecktes Überraschungsziel hervor. Der Teilnehmer muß den Shuriken **sofort** ins Ziel bringen, und zwar von der Stelle aus, wo er steht.

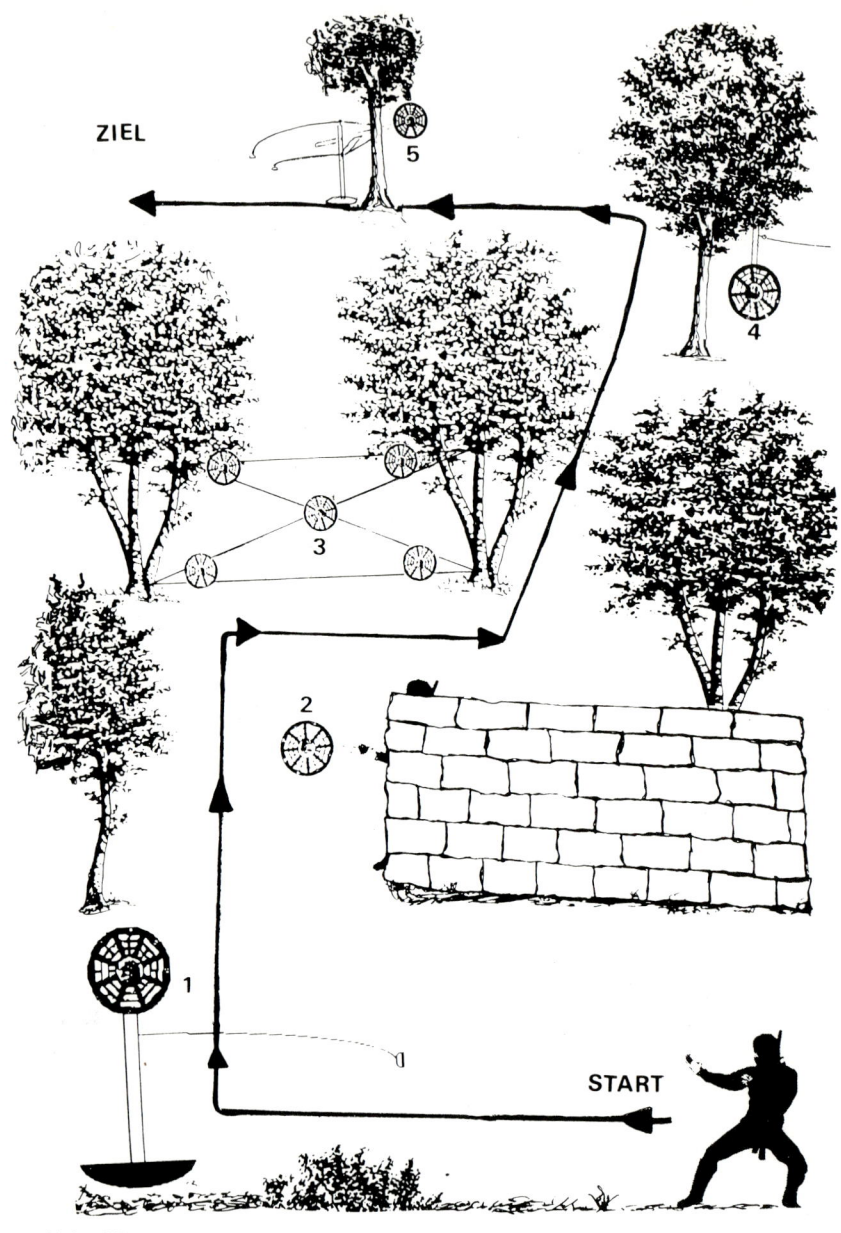

ZIEL

START

Abb. 38

Diese Stelle wurde vorher vom Veranstalter (geheim) festgelegt. Vom Zielauslöser wird darauf geachtet, daß auch tatsächlich vom Teilnehmer an dieser Stelle geworfen wird. Dies soll verhindern, daß der Teilnehmer zu nah ans Ziel herangeht, es gibt sonst einen Punktabzug. Der Teilnehmer muß **sofort**, sobald er das Ziel sieht, werfen. Deshalb darf diese Stelle auch nicht leicht erkennbar sein, da der Teilnehmer sonst zu früh darauf schließen könnte, daß ein Ziel in der Nähe ist.

Als zweites kann man das getarnte Überraschungsziel einsetzen. Es kann in einer Grube oder auch unter Laub versteckt sein. Auch hier muß sofort beim Erscheinen des Zieles reagiert und geworfen werden.

Die Fortsetzung könnte ein hängendes oder stehendes Pendelziel sein, entweder hinter einer Wegbiegung gelegen oder z. B. auf einem Hügel aufgestellt. Auch hier muß sofort beim Erscheinen des Zieles geworfen werden.

Zum Abschluß kann dann noch das Fünffachziel eingesetzt werden. Hier soll (unter Aufsicht) eine gewisse Punktzahl erbracht werden. Anschließend wird man Punkte bzw. Treffer auswerten. Man gibt Punkte für erkannte und für getroffene Ziele. Diese Art von Wettkampf in einem Geländeparcours läßt sich mit den hier vorgestellten Zielen beliebig gestalten. Wichtig ist natürlich, daß man besonders im Gelände Rücksicht auf Natur und Tier nimmt und die Sicherheitsbestimmungen in den Vordergrund stellt. Abb. 38 zeigt einen weiteren Parcours.

Das Werfen aus verschiedenen Positionen

Oft vermißt man in der Shuriken-Literatur das Werfen aus verschiedenen Positionen.

Was machte ein Ninja, wenn er am Boden lag, wenn er eine Rolle machte oder sich auf einem Baum oder einer Mauer befand?

Man sollte daher das Werfen aus verschiedenen Positionen in das Training einbeziehen und sich im Werfen beim Vorwärts-, Seitwärts- oder Rückwärtsrollen (mit Gummi-Shuriken!) üben. Dabei sei ausdrücklich vor einem Üben mit Metall-Shuriken gewarnt. Ebenso sollte man bei Fallübungen nach vorne, zur Seite und nach hinten **nur** mit Gummi-Shuriken gezielte Würfe üben.

Schnell kann man auch in eine Situation gelangen, in der der Platz für die gebräuchlichen Wurftechniken nicht ausreicht. Hier hilft nicht nur tägliches Training, sondern auch Erfindungsgeist und Anpassung an die wechselnden Situationen. Es sollten daher auch Würfe aus der Hocke und im Sprung bei nur wenig Bewegungsfreiheit geübt werden. Die meisten vergessen heute, das Hira- und Bo-Shuriken vor allem auf **kurze** Distanz eine effektvolle Verteidigungswaffe sind. Wirft man nämlich mit mäßiger Kraft auf freie Körperstellen, wie z.B. die Hände, wird dies im Verteidigungsfalle den Angreifer auf jeden Fall schocken.

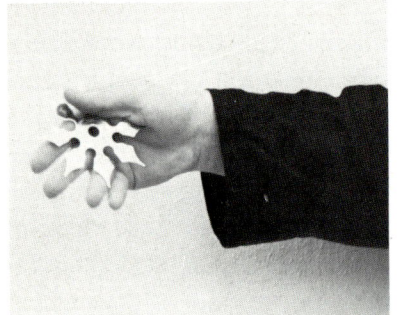

Abb. 39-41

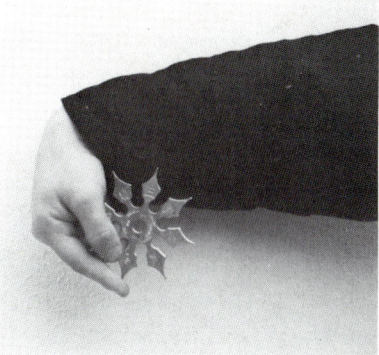

Abb. 42-44

Die Handhaltung beim Wurf

Ein wichtiger Faktor für einen gekonnten Wurf sind die verschiedenen Handhaltungen. Hat man die beiden üblichen Handhaltungen oft genug geübt, sollte man daran gehen, auch die folgenden abgebildeten Handhaltungen ins Training miteinzubeziehen.

Neben Technik Abb. 39, 40 und 41, welche den beiden üblichen Handhaltungen ähneln, sollte man auch die unter 42, 43 und 44 beschriebenen Handhaltungen verwenden.

Technik 42 zum Beispiel kann besonders auf kurze Distanz im Oberkörperbereich angewandt werden — ebenso wie Handhaltung 44.

Täuscht man dem Gegner zum Beispiel vor, ihm einen Shuriken aus Gründen der Aufgabe geben zu wollen, kann man den Augenblick nutzen, indem der Gegner abgelenkt ist und einen Wurf im Oberkörperbereich anbringen.

Die Haltung 44 eignet sich für das Anbringen eines Stoßes auf den Handrücken des Gegners.

Die Handhaltung 43 kann vortäuschen, daß man unbewaffnet ist.

Man kann sie ebenso für einen Wurf, wie für die Vorbereitung auf den Nahkampf verwenden.

Ein ähnliches Üben verschiedener Handhaltungen mit dem Bo Shuriken ist natürlich auch sehr nützlich.

Eine besonders gute Übung dafür ist auch das **Dart-Spiel** (siehe das Buch DARTS, Konzentration und Präzision im Pfeilwurfspiel, erschienen im gleichen Verlag).

Der Angriff mit dem Shuriken

Der Angriff war früher eine der Hauptaufgaben des Ninja. Hierzu zählte auch der Angriff mit dem Shuriken. Der Shuriken wurde dabei nicht nur geworfen, sondern man konnte ihn auch im Nahkampf einsetzen. Diese Nahkampftechniken wurden aus dem Tai-jutsu, dem waffenlosen Kampf der Ninja, abgeleitet.

Dabei können aber auch Techniken aus anderen Budo-Bereichen, wie zum Beispiel Kung Fu, Karate etc. angewendet werden.

Ein wichtiger Faktor dabei ist, wie schon beschrieben, ein ausgiebiges Aufwärmen vor dem Partnertraining.

Die nachfolgenden Techniken lassen sich auch ebenso als Verteidigungstechniken verwenden.

Sie lassen sich außerdem mit etwas Phantasie weiter ausbauen und kombinieren.

Während geworfene Shuriken (soweit sie nicht vergiftet waren) früher meist nur als Schockwaffe angewandt wurden, ist eine direkte Benutzung des Shuriken im Nahkampf ähnlich gefährlich wie ein Messereinsatz. Da in den verschiedenen Selbstverteidigungssystemen häufig auch Messerabwehren geübt werden, ist nichts dagegen einzuwenden, den Einsatz des Shuriken im Nahkampf zu simulieren.

Daß diese Techniken **nur** mit Gummi-Shuriken ausgeführt werden dürfen, sollte hierbei jedem klar sein.

1. Technik

Angreifer (schwarz) und sein Gegner (Camouflage) stehen sich in Kampfposition gegenüber. Der Angreifer zieht seine Shuriken (Abb. 45).

Abb. 45/46

Der Angreifer macht einen schnellen Schritt nach vorne und deutet mit der Handkante einen Schlag ins Genick des Gegners an (Abb. 46). Nun greift der Angreifer mit der rechten Hand um den Hals des Gegners und mit der linken unter dem rechten Arm des Gegners hindurch. Der Angreifer geht leicht in die Knie und legt dabei sein Gewicht auf den Rücken des Gegners, so daß dieser gezwungen ist, den Rumpf zu beugen (Abb. 47).

Abb. 47/48

Nun läßt sich der Angreifer nach hinten fallen und wirft den Gegner seitlich am Kopf vorbei zu Boden (Abb. 48).

Anmerkung: Diese Technik sollte man zunächst **vorsichtig und langsam** üben, damit es zu keinen Verletzungen kommt.

Abb. 49/50

Der Gegner liegt nach dem Wurf seitlich auf dem Boden. Der Angreifer darf ihn nicht loslassen (Abb. 49).

Durch schwungvolles Aufrichten des Angreifers aus der Bewegung bekommt der Angreifer eine Hand frei und kann so Arme, Beine, Brust und Bauch des auf dem Rücken liegenden Gegners mit dem Shuriken kontrollieren (Abb. 50).

2. Technik

Der Angreifer (Schwarz) und sein Gegner stehen sich in Kampfposition gegenüber. Der Angreifer täuscht verschiedene Schläge gegen den Verteidiger vor (Abb. 51).
Der Gegner reagiert mit einem Schlag zum Kopf des Angreifers. Dieser

Abb. 51/52

Abb. 53/54

seinerseits kontert mit einem Ellenbogenblock von unten nach oben, gegen das Handgelenk des Gegners (Abb. 52).

Der Angreifer macht sofort einen Schritt auf den Gegner zu und deutet mit seinem Ellenbogen einen Stoß zur Brust an (Abb. 53).

Der Angreifer nutzt die Situation und greift mit seinem Arm um den Hals des Gegners, der nun durch einen Hebel nach hinten gedrückt wird und keinen Halt mehr findet. Ein Kontrollieren des Kopfes mit dem Shuriken wird nun möglich (Abb. 54).

3. Technik

Der Angreifer (Schwarz) täuscht einen Schlag mit der rechten Hand vor (Abb. 55).
Der Gegner will abblocken. Dabei erfaßt der Angreifer das Handgelenk (Abb. 56).

Abb. 55/56

Abb. 57

Der Angreifer geht einen Schritt nach vorne, bringt den Arm des Gegners nach oben und dreht seine Hand nach innen. Nun kann Druck ausgeübt werden. Der Angreifer kontrolliert Arm, Rücken, Hals und Kopfbereich mit dem Shuriken (Abb. 57).

4. Technik

Der Angreifer (Schwarz) und sein Gegner stehen sich gegenüber. Der
Angreifer zieht seine Shuriken (Abb. 58).
Der Angreifer macht einen Schritt auf den Gegner zu. Dieser schützt
mit einem Block sein Gesicht (Abb. 59).

Nun läßt sich der Angreifer fallen und bringt das linke hintere Bein vor das rechte des Gegners, so daß eine Zangen- bzw. Scherenposition entsteht. Wichtig ist, daß das Gesicht des Angreifers dabei geschützt wird. Durch schwungvolles Nachhintendrehen des Angreifers kommt der Gegner nun zu Fall (Abb. 60).

Abb. 58/59

Abb. 60/61

Der Angreifer geht nicht aus der Schere heraus, so daß durch ein nach Vornebeugen am Boden ein Hebel entsteht und das Bein des Gegners (im Ernstfall) überdehnt werden könnte.

Nun können Kopf, Rücken und Arme des Gegners kontrolliert werden. Das freie Bein des Angreifers sollte über dem des Gegners liegen, so daß ein Bewegen möglich ist (Abb. 61).

5. Technik

Der Angreifer (Schwarz) und sein Gegner stehen sich in Kampfposition gegenüber. Der Angreifer täuscht einen Wurf mit dem Shuriken vor (Abb. 62).

Nun wird der Gegner durch eine Vorwärts- oder Schulterrolle blitzschnell angegriffen (Abb. 63).

Abb. 62/63

Abb. 64/65

Der Angreifer setzt seinen rechten Fuß in die Kniekehle und den linken Fuß vor das Fußgelenk des Gegners, so daß dieser durch eine schnelle seitliche Drehung (vorsichtig) zu Fall gebracht wird (Abb. 64).
Nun liegt der Gegner am Boden. Der Angreifer liegt durch Seitwärtsrollen direkt neben ihm. Ein Kontrollieren der Beine, der Arme, des Rückens und des Kopfes mit dem Shuriken ist nun möglich (Abb. 65).

6. Technik

Der Angreifer (Schwarz) und sein Gegner stehen sich gegenüber. Der Angreifer täuscht einen Faustangriff vor. Dieser soll den Gegner ablenken (Abb. 66).
Nun tritt der Angreifer mit einem (angedeuteten) Seitwärtstritt in den

Abb. 66/67

Abb. 68

Magen des Gegners, worauf dieser den Rumpf nach vorne beugt (Abb. 67).

Jetzt setzt der Angreifer das rechte Bein schnell zu Boden und umklammert mit dem linken Bein den Hals des Gegners. Ein Kontrollieren von Rücken und Kopf mit dem Shuriken ist nun möglich (Abb. 68).

7. Technik

Der Angreifer (Schwarz) provoziert seinen Gegner und täuscht einen Schlag vor. Er nimmt blitzschnell seine Shuriken zur Hand (Abb. 69). Der Gegner reagiert mit einem Vorwärtstritt. Der Angreifer fängt das

Bein mit gekreuzten Unterarmen ab und kontrolliert so mit dem Shuriken das Bein (Abb. 70).
Das Bein wird nun herumgedreht und der Verteidiger nach vorne gestoßen (Abb. 71).

Abb. 69/70

Abb. 71/72

Die rechte Hand des Angreifers rutscht in die Kniekehle. Er läßt sich mit dem Gegner (vorsichtig!) fallen und drückt mit seinem Brustkorb gegen das Bein. Dadurch kann das Bein überdehnt und der Kopf- bzw. Rückenbereich des Gegners mit dem Shuriken zusätzlich kontrolliert werden (Abb. 72).

8. Technik

Der Angreifer (Schwarz) zieht seine Shuriken und geht in Kampfstellung (Abb. 73).
Er macht einen blitzschnellen Schritt auf den Gegner zu, wobei der rechte Arm des Gegners durch eine kreisende Armbewegung in die Achselhöhle des Angreifers gebracht wird (Abb. 74).

Abb. 73/74

Abb. 75/76

Der Angreifer führt nun seine Hand unter dem Arm des Verteidigers durch, so daß sein rechter Handrücken auf dem Ellenbogen des Verteidigers liegt (Abb. 75).
Nun nimmt der Angreifer auch seine linke Hand zur Hilfe, die er in die rechte legt. Jetzt kann Druck auf den Ellenbogen des Gegners ausgeübt werden, so daß dieser wie gelähmt ist (Abb. 76).

74

Die Verteidigung gegen Shuriken

Die Abwehr eines mit Shuriken bewaffneten Angreifers ist im Partner-kampf ebenso wichtig wie der Angriff oder noch weitaus wichtiger, denn Angreifen muß man nicht immer.

Verteidigen aber muß man sich, wenn man plötzlich einem Angreifer gegenüber steht. Früher konnte schon ein kleiner Fehler das Leben kosten, wenn es galt, sich ohne Waffen gegen einen Ninja oder Samu-rai, der mit Shuriken oder Messer angriff, zu verteidigen.

Ein tägliches Training war also unbedingt nötig, um die Verteidigungs-techniken perfekt zu beherrschen.

Ein gutes Auge, schnelle Reaktion und Erfindungsgeist sind bei der Verteidigung erforderlich.

Die nachfolgenden Beispiele (der Angreifer trägt Tarnkleidung) stellen nur eine kleine Auswahl dar.

Sie lassen sich natürlich ausbauen und erweitern.

Daß diese Techniken **nur** mit Gummi-Shuriken geübt werden dürfen, versteht sich von selbst.

1. Technik

Der Gegner (Camouflage) ist mit einem Shuriken bewaffnet und holt zum Schlag mit der rechten und nachfolgend mit der linken Hand aus. Der Verteidiger nimmt seine Kampfposition ein (Abb. 77).

Abb. 77/78

Der Gegner wird mit der rechten Handkante und dem linken Arm abge-
blockt (Abb. 78).
Der Gegner wird blitzschnell an den Handgelenken erfaßt und durch
einen (vorsichtigen) Fußstoß in die Kniekehle zum Fall nach hinten
gezwungen (Abb. 79).

Abb. 79/80

Der Gegner fällt auf den Rücken und streckt dabei meist den Arm. Der Verteidiger reagiert sofort und nimmt den bewaffneten Arm in einen Beinhebel (Abb. 80).

2. Technik

Der Gegner (Camouflage) holt zum Schlag mit dem Shuriken aus. Der Verteidiger beobachtet die Bewegung aufmerksam (Abb. 81).
Er blockiert den Schlag mit der linken Handkante und bringt seine rechte Hand hinter die Schulter des Gegners. Die rechte Hand erfaßt den linken Unterarm (Abb. 82).

Abb. 81/82

Abb. 83/84

Durch einen Hebel kann der Verteidiger nun Druck nach rückwärts ausüben. Der Gegner verliert die Balance nach hinten und läßt dabei meist
den Shuriken fallen (Abb. 83).
Durch weiteren Druck auf den Arm wird der am Boden liegende Gegner
kontrolliert (Abb. 84).

3. Technik

Der Gegner (Camouflage) setzt zu einem Fauststoß mit dem Shuriken an. Der Verteidiger hält sich bereit (Abb. 85).
Der Verteidiger dreht sich zur Seite und fängt den Unterarm des Gegners mit der rechten Hand ab. Mit der linken Hand erfaßt er den Handrücken des Angreifers (Abb. 86).

Abb. 85/86

Abb. 87/88

Nun drückt der Verteidiger mit der linken Hand auf den Handrücken des Gegners (Abb. 87).

Der Gegner geht dadurch zu Boden und verliert den Shuriken. Der Verteidiger kann den Angreifer mit dem Knie zusätzlich kontrollieren (Abb. 88).

4. Technik

Der Gegner (Camouflage) holt zum Schlag aus. Der Verteidiger wartet aufmerksam ab (Abb. 89).
Der Gegner führt mit dem rechten Arm einen Stoß zum Kopf aus. Der Verteidiger blockt ab und drückt den Arm des Angreifers nach innen und zum Körper (Abb. 90).

Abb. 89/90

Abb. 91/92

Der Gegner stößt sofort mit dem linken Arm nach. Sein rechter Arm wird vom Verteidiger weiter kontrolliert (Abb. 91).

Der Verteidiger stößt den linken Arm des Angreifers über den rechten, so daß beide Arme des Gegners durch Festhalten des linken Armes blockiert sind. Nun kann der Verteidiger zu einem (angedeuteten) Stoß im Brust-, Hals- bzw. Kopfbereich ansetzen. (Abb. 92).

Die Abwehr von Waffen
mit dem Shuriken

Die Abwehr von Stock, Schwert und Shogei mit dem Shuriken ist ein Notbehelf, wenn man keine andere Möglichkeit zur Verteidigung besitzt.

Früher wußte sich der Ninja im Notfall gegen Stock, Schwert, Shogei und andere Waffen zu helfen, indem er den Shuriken (Vierzack) mit Daumen und Zeigefinger umklammerte und einsetzte. Weshalb der Ninja auch die Verteidigung gegen den Shogei trainierte, muß wohl daran gelegen haben, daß auch Ninja gegeneinander kämpften.

Wofür übt man diese Techniken nun in der heutigen Zeit, wird sich der eine oder andere fragen.

Zunächst geht es darum, sich einen Überblick über die traditionellen Anwendungsmöglichkeiten des Shuriken zu verschaffen. Im übrigen sei daran erinnert, Angriffe mit Stöcken gibt es auch noch in der heutigen Zeit bei uns.

Es muß nicht immer ein Angriff mit einem Schwert sein. Im Verteidigungsfall läßt sich der Shuriken auch gegen Messer, Regenschirme usw. verwenden und sogar gegen Ketten einsetzen.

Die hier vorgestellten Techniken sind nur Beispiele, sie lassen sich beliebig verändern und weiter ausbauen. Ein wichtiger Faktor ist, daß sie (mit der gebotenen Vorsicht) in das tägliche Training einbezogen werden.

1. Abwehr eines Schwertes

Der Gegner (Camouflage) versucht einen Angriff mit dem Schwert gegen den Verteidiger (schwarz), der mit Shuriken bewaffnet ist (Abb. 93).

Abb. 93/94

Der Verteidiger nutzt die Gelegenheit, seine Shuriken zu ziehen, in dem Augenblick, in dem der Angreifer sein Schwert zieht und zum Schlag ausholen will (Abb. 94).

Der Verteidiger wehrt das Schwert mit dem in der rechten Hand gehaltenen Shuriken ab, d. h. er verhindert die Schlagbewegung.

Abb. 95

Gleichzeitig kann der Verteidiger nun mit dem in der linken Hand gehaltenen Shuriken, Kopf, Hals, Arm und Bauch des Angreifers kontrollieren (Abb. 95).

2. Abwehr des Doppelstocks

Der Verteidiger (Camouflage) holt zum Schlag aus. Der Verteidiger beobachtet die Bewegung (Abb. 96) und geht auf den Angreifer zu, wobei er mit beiden Shuriken die Stöcke im Ansatz abfängt (Abb. 97). Der Verteidiger macht einen Schritt nach vorne und deutet einen Kniestoß zum Bauch des Angreifers an (Abb. 98).

Abb. 96/97

88

Abb. 98/99

Der Angreifer läßt die Arme sinken, wodurch ein Kontrollieren seines Hals- bzw. Kopfbereiches mit dem Shuriken möglich wird (Abb. 99).

3. Verteidigung gegen Shogei

Angreifer und Verteidiger (schwarz) stehen sich gegenüber (Abb. 100).
Der Angreifer holt zum Schlag aus. Der Verteidiger zieht blitzschnell
seine Shuriken und geht auf den Angreifer zu (Abb. 101).
Das Shogei des Angreifers wird mit dem Shuriken abgefangen. Wichtig

Abb. 100/101

Abb. 102/103

ist dabei, daß die andere linke Hand des Angreifers mit einem zweiten Shuriken kontrolliert wird (Abb. 102).

Die Hand, in der sich das Shogei befindet, wird nun über die linke Hand des Angreifers gebracht, und so vom Verteidiger mit einer Hand kontrolliert. Mit der freien Hand des Verteidigers wird ein Stoß zum Hals oder zur Brust des Angreifers angedeutet (Abb. 103).

Sicher können Sie sich nun nach dem Lesen dieses Buches ein Bild vom Shuriken Jutsu machen und die eine oder andere Anregung für das eigene Training verwenden. Ich hoffe, Ihnen das Shuriken Jutsu, seine Geschichte und seinen Geist nähergebracht zu haben.

Shuriken Jutsu sollte auch bei uns in Europa betrieben und mit dem entsprechenden Verantwortungsbewußtsein weiter verbreitet werden. Ob als Kampfkunst, Selbstverteidigungssport oder Freizeitspaß, ist jedem selbst überlassen.

Wer Shuriken Jutsu ausüben möchte, sollte sich nach Möglichkeit einem Verein oder Verband anschließen und Shuriken Jutsu unter fachlich qualifizierter Anleitung und Fortbildung im Kreis von Gleichgesinnten betreiben.

Wichtig ist, daß mit den Shuriken weder leichtsinnig umgegangen, noch Mißbrauch getrieben wird — soetwas schadet allen Shuriken-Sportlern und könnte zum Verbot der Shuriken führen.

Viel Spaß beim Training ..... und beachten Sie die Sicherheitsbestimmungen genau!

Raum für Notizen